NOSOTROS

Manual para Comprender tu Vida

Dr. ANÍBAL P. SANTORO

Título original:

NOSOTROS
Manual para Comprender tu Vida

1ª edición, julio de 2023

Diseño de portada y arte gráfico: Aníbal Pedro Santoro
Fotografía de portada: "iStock.com/Irina Gutyryak"
Revisión del contenido: Claudia Behn-Eschenburg
Revisión de estilo: Romina M. Santoro Behn-Eschenburg
                         y Alessandro V. Santoro Behn-Eschenburg

        Editorial   THINSCEN - The Inner Strengthening Center
                    10600 NW 88th St – Apt. 206
                    Doral, Florida, 33178, USA
        www.thinscen.com
        e-mail: info@thinscen.com

OntoPsiquis y EneaPsiquis son marcas registradas ante el IMPI en México.

OntoPsiquis, OntoPsyche e Inner Strengthening Coaching son marcas registradas, con Copyright.

Hecho en Estados Unidos de América por:

THINSCEN - The Inner Strengthening Center - Publishing House

ISBN 978-1-961728-10-3

NOSOTROS

Manual para Comprender tu Vida

Dr. ANÍBAL P. SANTORO

THINSCEN

Aníbal P. Santoro nació en la Ciudad de Buenos Aires, Argentina, en 1960. Es doctor en psicoanálisis, maestro en psicoterapia psicoanalítica, experto en metapsicología e investigación psicoanalítica desde una perspectiva centra-da en el individuo y su realidad esencial. Además, es coach certificado ejecutivo y de equipos, y conferencista.

Acumula más de 20 años de experiencia, siendo cocreador de la teoría OntoPsiquis®, eje de su escuela de psicoanálisis onto-humanista, en base a la cual ha presentado trabajos innovadores e impartido cursos y conferencias magistrales en congresos internacionales.

Es cofundador y director de THINSCEN, The Inner Strengthening Center en Miami, Estados Unidos, acompañando a personas a lograr transformar sus vidas a nivel personal y profesional.

Es coautor de los libros *"EneaPsiquis, una entre nueve"*, los dos volúmenes de *"OntoPsiquis - Más allá del eneagrama y el psicoanálisis"*, titulados *"La esencia de tu ser"* y *"Tus fortalezas dinámicas"*, y escribe mensualmente en revistas de Latinoamérica y del sur de Florida, Estados Unidos.

Conocer más de su trayectoria en
https://dr-anibalsantoro.com

Agradecimientos

A mi esposa, socia y colega Claudia Behn-Eschenburg, por ser compañera de sueños con los que construimos oportunidades para el bienestar de toda la familia.

A mis hijos Romina y Alessandro, Mariela, Natalia y Andrea, a mis yernos Mauricio, José y Andrés, y a mis nietos Homero, Thiago, Luz de Paz y Río Maitén, por haberme permitido descubrir y confirmar que ejercer un rol es menos importante que ser uno mismo para y con el otro.

A nuestros alumnos, por haber comprendido nuestra teoría OntoPsiquis® y por haber querido participar y completar nuestros ejercicios respecto a las relaciones que debilitan o fortalecen, experiencia desde la cual he obtenido parte del material que hoy incluyo en este libro.

A mis pacientes y clientes, quienes me han permitido acompañarlos en algunos momentos de sus procesos de vida, y me han enriquecido con sus respuestas a cada interpretación de lo que estaban viviendo.

Dedicatoria

A todos los que creen que un Nosotros es más
que dos personas compartiendo un espacio.

Índice

Índice

*Si te relacionas con el resultado de
un proceso educativo o formativo,
y no con la persona y su ser,
eres parte de los problemas
de los cuales luego te vas a quejar.*

INTRODUCCIÓN

Nosotros.

Una sola palabra a la que se le da un valor fundacional para la sociedad y que puede significar tantas cosas diferentes según sea desde dónde se la evalúe.

Aunque se nos enseñan muchas cosas para condicionar nuestras conductas con el fin de poder vivir en sociedad, lo cierto es que a muchas personas las circunstancias de su realidad en pareja o en un grupo les pueden llegar a pesar y a obstaculizar su transparente proceso de vida. Obviamente, la tuya también.

Este libro está escrito para ti, en un formato de manual, precisamente para que tengas al alcance de tu mano una herramienta de consulta para esos momentos en el que tu "nosotros" pudiera empezar a pesarte.

Aquí no encontrarás consejos, porque ellos provienen de la experiencia de la persona que te los da. Es ese conocido "Lo que tú tienes que hacer es..." que, cuando lo recibes, te ubica del lado de aquellas personas que no saben, que no comprenden, que no tienen creatividad para vivir su propia vida, etc. Claro está que, ante un apoyo moral de esta índole lo más probable es que te sientas inferior, sin valor, y pierdas toda esperanza porque, simplemente, eso tan obvio a ti no se te ocurrió.

Quizás sí haya uno. Sugerirte que te permitas abrir tu mente para ver las situaciones desde otra perspectiva.

Te traigo puntos de vista "fuera de la caja", críticos y con sentidos diversos, algunos seguramente te serán afines.

La idea es que, con ellos, tengas nuevas herramientas para comprender el valor que tiene la siguiente frase, y así puedas comenzar a inmunizarte contra las opiniones externas y, finalmente, halles tu permiso interior para que seas tú.

> *En lo único en que todos somos*
> *iguales es en el hecho de que todos*
> *somos diferentes*

En las siguientes páginas vamos a revisar los absolutos sociales que se meten en tus relaciones, sean las mismas en los ámbitos familiar, educativo, deportivo, social y/o laboral. Me refiero al significado que has incorporado y fijado respecto del Yo, el Otro y el Nosotros.

Como habrás visto en la portada de este libro, tengo un doctorado; siendo el mismo en psicoanálisis. Con lo que he aprendido tanto en la teoría como en la práctica con mis pacientes, junto con las conclusiones que obtuve y que me llevaron a crear la teoría OntoPsiquis, junto con mi colega, socia, esposa y amiga, la Dra. Claudia Behn-Eschenburg, también te traigo un resumen de nuestro enfoque teórico para que puedas comprender tu forma de ser, con bases, sin deudas morales y, sobre todo, sin culpas por ser como eres.

Sé bien que leer no es una actividad habitual en estos días, y que hacerlo sobre extensos volúmenes tampoco es para todos. Por estos motivos he buscado aportarte en este este libro suficientes elementos como para que se instale en ti la duda que te haga reflexionar sobre tus conductas y actitudes cuando estás en una relación, para que evalúes si te mereces tener que enfrentar las consecuencias de las mismas. Más aún, que logres llegar a identificar en qué situaciones te estás dejando de ser fiel a ti, postponiéndote a ti y aceptando tratos que no tienes ni para qué ni por qué recibir.

Para volver más ágil la lectura, y agregarle aún más valor al contenido, incluyo códigos QR.

Sólo tienes que escanear cada código QR con tu celular para acceder a una realidad aumentada que te aporta claridad en aquellos conceptos que pudieran ser difíciles, no por serlo en sí mismos sino porque se tratan de lo mismo pero visto desde otra perspectiva.

Lo laborioso en todo proceso de desfundamentación de creencias limitantes es poder identificarlas y, luego, enfrentar la posible angustia ante el vacío que dejan cuando desaparecen. Siempre ayuda tener a la mano datos que vayan rellenando esos vacíos, porque te ayudan a dejar de creer en aquello que te detenía y te permiten atreverte a promover cambios gracias al sustento que te dan tus certezas renovadas y fortalecidas con tus propios significados.

Las relaciones personales se vuelven conflictivas cuando una de las partes se somete a la otra, porque uno padece mientras el otro disfruta.

Una clave para evitar o para resolver estos conflictos, está en descubrir qué significa la realidad para cada uno, independientemente de lo que la sociedad y su cultura te hayan inculcado durante tu proceso formativo.

Dado que la educación que has recibido es efectiva, es muy posible que te hayas alejado de tu esencia para aprender que eres lo que haces o tienes, confundiendo tu ser con el efímero y siempre cambiante valor del rol que desempeñas en distintos momentos de tu vida.

Para esta revisión, estoy a tu lado tendiéndote una mano y acompañándote en el necesario proceso de echarle una nueva mirada a todo eso que aprendiste acerca de cómo debe ser la vida en relación. Estoy aquí para ayudarte a que halles tus propios significados y puedas darle nuevo valor tanto a tu vida como a tu ser tú.

El beneficio para ti es que puedas seguir siendo tú, sea que estés en compañía sólo con tu Yo o integrando un Nosotros.

YO

Soy un Ser único

¿Para qué hablar del Yo?

La respuesta es simple. Es necesario porque, a pesar de ser la primera persona en cuanto a pronombres personales se refiere, solemos posponernos a nosotros frente a otros que no lo hacen.

Cuando hablamos de relaciones humanas en diversos ámbitos no nos damos cuenta de que, a veces, mendigamos la oportunidad de que alguien nos vea y nos rescate de nuestra realidad y necesidad.

Tu Yo es atacado desde el momento en que naces por las exigencias que provienen desde tu entorno.

De bebé quieres comer sin saber, conscientemente, qué significa alimentarte. Sin embargo, no hay alimento continuo y la frustración comienza a tomar forma.

Sólo estás sintiendo que hay algo que te incomoda y que no comprendes.

Tienes que actuar para sacar eso de ti o apaciguar su ataque.

Entonces, lloras, te mueves, pateas al aire, buscando llamar la atención de algún modo.

Si te tocó nacer en un ambiente que no te buscó, no te quiso y/o no le importas, la respuesta a tu forma de comunicarte pidiendo ayuda tardará en llegar.

Habrás aprendido la necesidad de activar tu modo supervivencia, actuando en respuesta al medio según sean los recursos que traes en tu equipaje genético.

En cambio, si naciste en un ambiente familiar en el que la visión sobre la familia, su razón de ser, sus significados sobre cada integrante, confluyen para conformar un jardín fértil en el que puedas desarrollarte, la respuesta no será inmediata, pero en tu ser irás aprendiendo que la misma siempre llega y te calma.

Lo más probable es que no tengas casi ningún recuerdo de esa etapa de tu vida, pero mucho de lo que leíste pudo haberte sucedido casi como te lo he descrito.

Se vuelve vital que lo tengas en cuenta si es que te encuentras en la situación de tener que compartir tu tiempo con un bebé, porque al hacerlo podrás contactar con lo que él no está pudiendo expresar de otro modo a como lo hace. Así, podrás comprobar que cuando evalúas y juzgas que se trata de "berrinches" o "manipulaciones", no estás aportando nada al establecimiento del vínculo de vida entre ambos.

Esto que acabas de recibir es uno de esos "no-consejos" que te mencioné en la introducción, en los que te invito a abrir tu mente. Más adelante te mostraré cómo es que cada ser humano, desde que nace hasta que muere, tiene una forma particular de ver la vida que no se cambia y que funciona como una guía.

Al ir ganando edad, dos cosas también crecerán contigo, que son tu confianza en ti y cuánto te valoras. A propósito, tienes que saber que son los dos pilares de la autoestima, la cual me gusta definir como la plena consciencia de todo lo que tú puedes hacer y/o lograr.

Con los años cambian los actores de tu alrededor.

Y es aquí que gana importancia tu acceso a tu permiso interior para pensar sobre lo que se te había enseñado que no debías cuestionar.

Tu pensamiento crítico, junto con tu sentido común, son claves tanto para criticar como para proponer, para rechazar y también para aceptar. Todo esto se constituye como parte de tus herramientas y recursos más importantes, esos que te sostienen como un individuo fortalecido con capacidad para generar nuevos significados y para legitimar o deslegitimar la autoridad de otros ante ti.

Dado que estamos hablando del Yo, sí, de tu Yo, detente a leer las palabras utilizadas porque las ideas o conceptos que encierran son para darte más fortaleza.

Cuando el poder se ejerce por aquel que lo ostenta o dice poseerlo, las relaciones con los demás se basan en la eficacia para someter voluntades.

En cambio, cuando el poder se le transfiere a una persona mediante un acto de legitimación, la misma queda investida con autoridad.

Ese es el poder que tiene cada Yo, y el tuyo también.

EL OTRO

Es un Ser único

Para ver a ese Otro, todo lo que leíste en el capítulo del Yo conserva su validez. Sin embargo, por cuestiones que van más allá de este libro, puedes ver más cosas tuyas cuando analizas al Otro con el que te relacionas.

Uno de los tantos elementos intervinientes por los que se establecen y sostienen las relaciones humanas es la capacidad que tenemos para proyectar en el Otro nuestras expectativas; algo que puede suceder, principalmente, de dos formas diferentes.

Una de ellas es la de llegar a desconocer al Otro y verlo como una pantalla viviente sobre la cual proyectar ansiedades, temores, exigencias, responsabilidades y hasta frustraciones propias, en tanto se espera alguna acción proveedora, protectora, distractora y/o salvadora de su parte.

La otra es utilizarlo como un espejo en el cual ver el reflejo de aquello que es tuyo y que te agrada o desagrada.

En cualquiera de ambas modalidades, ese Otro sucumbió. Desapareció como desaparece la pantalla cuando se enciende el proyector y se ve la película, o como desaparece el azogado del espejo cuando devuelve una imagen.

El Otro es como Tú.

Tiene características, motivaciones y creencias, anhelos y ambiciones, alegrías y pesares, igual que los tienes tú, aunque no son los mismos.

Lo difícil es ver y aceptar que el Otro no eres Tú, y que es tan único como lo eres Tú.

Y lo mismo que Tú haces, el Otro lo hace.

También espera, se proyecta y se refleja en ti, exigiendo la satisfacción de sus necesidades y/o deseos.

El Otro manifiesta su presencia cuando esa exigencia traspasa los límites de lo que te es natural y de lo que es, hasta cierto punto, tolerable. Al suceder esto, el Otro queda expuesto, fuera de ese encandilamiento que tu mente generó cuando creaste una imagen suya en ti y decidiste, inconscientemente, que tu relación sería a través de ella.

Ese Otro es tan real como Tú.

A veces, los distractores sociales pueden diluir el peso que tiene para cada uno tanto la presencia tuya como la del Otro, convirtiéndolos en dos extraños conocidos que pueden provocarse, igualmente, fascinación o el más profundo rechazo mutuo.

Ese ser único como Tú, que es el Otro, no sabe de ti más que lo que se ha inventado.

Ambos sólo conocen la imagen que se han creado uno del otro en respuesta a sus propias necesidades primarias, sometidas por las exigencias de las circunstancias de la vida en cada momento.

Con dicha imagen, ambas partes alimentan la propia esperanza de lograr lo que cada quien busca para sí.

El Otro es tu pareja, sí, así como también lo es cada uno de los padres y de los hijos, cada maestro y cada amigo, cada jefe y cada compañero de trabajo.

En definitiva, lo que has leído hasta aquí es algo común a todos los seres humanos, sin distinción de jerarquías; agregando que, además, todos son únicos.

EL AMOR Y SUS 4 PILARES

Confianza

Respeto

Abnegación

Exigencia

Cuatro pilares en los que se deberían fundar las relaciones de amor, incluyendo entre ellas a las de pareja, padres y madres con sus hijos, hermanos entre sí, hijos con sus progenitores, familia en general, amigos y otros grupos.

Pensando en las relaciones laborales, resulta más claro ver que esto no es posible, aunque el ideal lo sugiera, debido a que no existe una única forma de ser persona, ni un único tipo de amor.

Más adelante te mostraré que existen diferentes formas naturales y normales de ser. Sin embargo, es útil comprender que cada sociedad, por medio de la cultura y la educación, intenta pulir esas diferencias con el fin de limitar las posibles incompatibilidades y disminuir la posibilidad de que surjan los conflictos que le estorban para lograr su plan social.

No obstante, cada ser humano viene al mundo con un equipaje lleno de recursos genéticos que conforman su capacidad y habilidad para interactuar con el medio.

Así, aunque sea una realidad que nuestro cerebro se va amoldando a las exigencias del entorno, lo genético siempre perdura, condicionando las estructuras cerebrales y hormonales, y sin que importen los cambios inducidos.

Debido a esto, vemos que existen personas que, naturalmente y sin que esté la educación de por medio, confían en todos. También están aquellas que, desde su ser natural y sin que exista alguna causa que les sirva de explicación, desconfían de todos menos de ellas mismas.

Confianza

Cuando hablamos de relaciones humanas, la confianza se refiere a un estado interno de certeza acerca de lo que se puede esperar de la otra persona.

Esta certeza, cuando nace y se hace presente, suele ser relatada como un momento mágico o uno en el que hubo química.

Es un tema delicado porque está presente todo lo que te escribí anteriormente, y en particular lo relativo a la creación de una imagen del Otro en ti.

La confianza inicial surge sin razones; es inconsciente.

Uno no puede decidir si confía o no, porque la confianza es el saber acerca de algo sin tener los datos. Sin embargo, las acciones del Otro sí van aportando los elementos con los cuales se va a justificar tanto cimentarla como desmantelarla.

Esa justificación es un acto consciente que se alimenta y fortalece con la percepción del Respeto.

Respeto

Como valor, el Respeto comprende a la consideración y la valoración hacia el Otro, sea una persona, una institución o una idea.

En esta forma de concebirlo no hay lugar para el temor. Aun así, muchas relaciones humanas se basan en la habilidad para provocar miedo y someter, pretendiendo que el Otro acepte ser sometido tras haber confundido lo que es el Respeto con el miedo que siente ante una supuesta autoridad.

El Respeto es el ámbito en el que las diferencias pueden manifestarse sin que las mismas se conviertan en una amenaza ni en un condicionante para la relación. Es decir que respetar al Otro requiere de la tolerancia y la aceptación.

Cuando aparece cualquier agente condicionante externo, tal como una amenaza, un chantaje, alguna medida coercitiva o inclusive un premio, lo que surge en el individuo son estados de respeto-por-miedo y de sometimiento motivado por la supervivencia que debilitan a la confianza.

Abnegación

Este término suele causar actitudes defensivas por estar vinculada, de algún modo, a exigencias sociales y/o culturales que someten a la mujer. Por favor, haz lo posible por quitar ese concepto de tu mente para poder seguir leyendo el nuevo punto de vista que te estoy proponiendo.

Abnegación significa negarse a uno mismo, renunciando a deseos e intereses para beneficiar a otras personas.

Dado que el acto supremo de abnegación involucra entregar la propia vida, se la ha asociado con las ideas de sacrificio y de deber cívico, militar y/o religioso. Por tal motivo, en vez de ser un acto de legítima entrega personal, ha pasado a ser considerada como un valor social que se enseña y se exige.

Un problema de verlo como un deber es que hay personas que la usan como una oportunidad para controlar y someter.

La abnegación tiene sentido cuando ambas partes de la relación salen beneficiadas; en particular, cuando tú sientes que tu bienestar ha sido mayor, tras haber actuado abnegadamente, que si no lo hubieras hecho.

Exigencia

Puede parecerte extremo pensar en exigir, porque implica pedir algo sin que el Otro pueda negarse; pero no lo es, ya que se exige aquello a lo que se tiene o se cree tener derecho.

La idea de exigir puede confrontarte con tu realidad actual y con tu historia, con la cultura y los temores inculcados por la educación. Apunta directo a tu permiso para pedir aquello que quieres sin tener que dar explicaciones ni justificarte.

Requiere de ti que tengas plena consciencia acerca de quién eres, qué necesitas y/o quieres, así como tener claridad respecto a lo que te mereces.

Merecer equivale a ser acreedor, a tener derecho a algo, por haber cumplido con alguna premisa, sea social o existencial.

Porque atravesaste un proceso educativo, la percepción que tienes de ti está alterada debido al uso continuado de refuerzos para motivar o corregir tus conductas. En otras palabras, te han moldeado a puro premio y castigo.

Recuerda que mereces tan solo porque eres un ser vivo.

De a pares para equilibrar

Los 4 pilares de toda relación funcionan bien cuando están equilibrados de a dos entre dos.

Te aclaro la idea.

Cuando digo "entre dos" me estoy refiriendo a que ambas partes de la relación tienen que poder manifestar algún grado de compromiso con cada uno de los pilares.

Al decirte que el equilibrio es "de a dos" me refiero a pares que se fortalecen mutuamente. Así, cuando el Otro te respeta, tú respondes fortaleciendo más tu confianza. Análogamente, cuando tú respetas, haces que el Otro confíe más; generándose un ida y vuelta que une y estrecha lazos.

Confianza ↔ Respeto

Hay otros pares que se derivan de estos dos pilares fundamentales.

Por ejemplo, cuando tú confías lo suficiente no existe temor en ti para abnegarte natural y voluntariamente, porque en esa confianza está la certeza "sin datos" de que el Otro no abusará de ti.

La Confianza que tiene una persona favorece su libre Abnegación, sin reservas ni temores.

Confianza → Abnegación

Por otra parte, el Respeto sirve para contener la Exigencia, haciendo que no sea desmedida ni que lleve al Otro a encontrarse en una posición de sumisión o en falta.

Entonces, el Respeto con el que se trata al Otro hace que tu Exigencia quede contenida y no haya riesgo de maltratarlo.

Respeto $\rightarrow$ Exigencia

Así, los 4 pilares requieren de una cierta dinámica para que las relaciones sean equilibradas y justas para ambas partes.

El Respeto de "Otro" alimenta la Confianza en "Yo".

El Respeto de "Yo" alimenta la Confianza de "Otro".

La Confianza de "Yo" permite la Abnegación, sea por propia motivación o en respuesta a una Exigencia de "Otro". Como esta Exigencia está contenida por su Respeto, la misma termina fortaleciendo a la Confianza de "Yo".

El Respeto de "Yo" alimenta a la Confianza de "Otro" y contiene a la Exigencia de "Yo" para no abusar de la respuesta por Abnegación de "Otro".

Este circuito ideal y posible está, potencialmente, presente en toda relación humana; comprendiendo que la calidad del vínculo y la vitalidad de esta dinámica dependerá, siempre, de la fortaleza de la personalidad natural de las partes involucradas.

Sí, aunque pueda no gustarle a los que tienen facilidad o necesidad de controlar a los demás, lo más importante para augurar la posibilidad de continuar en un vínculo constructivo para ambas partes de una relación recae en el reconocimiento y la aceptación de las diferencias que hacen de cada persona un ser único.

No una continuación ni un apéndice del otro. Tampoco una sombra que se proyecta gracias a la luz proyectada por el otro.

Del mismo modo, esa otra persona con la que te estás relacionando no se merece ser considerada menos que tú, ni estar a tu sombra, ni atreverse a pensar después que tú le permitas hacerlo.

La cultura basada en la administración racional del miedo, buscando promover la adopción de conductas aceptables mediante el uso de premios y castigos, ha provocado que las personas crean que serán aceptadas sólo si dicen y/o hacen lo que se les enseña que deben hacer.

Sin embargo, es un error depositar la confianza en el resultado y la efectividad de un proceso educativo o formativo mientras se desconoce la esencia de cada individuo; algo que he comprobado en la consulta privada al presenciar el peso de las consecuencias que mis pacientes han tenido que cargar por haberlo hecho.

Considerando que hay un ontotipo, el G-Escéptico, que desconfía de todo y de todos, una educación estricta aplicada al resto de los ontotipos posibles los deja indefensos ante los ataques que podrían recibir.

La razón es un poco compleja, pero se puede resumir diciendo que las personas que desconfían de los demás de un modo natural, no pueden contactar con las personas y tampoco las pueden respetar. Sólo se crean una imagen a su conveniencia de ellas y se relacionan a través de la misma.

Como ya vimos, la Confianza y el Respeto son dos pilares básicos del amor; por lo cual, la conclusión es que hay personas que no pueden amar.

Tenemos una oportunidad para ser y para hacer de cada relación una experiencia única, al fortalecer el propio Yo y aceptar el derecho del Otro a que también se fortalezca.

Yo soy un ser único.

Tú eres un ser único.

Y quizás podamos hacer de esto algo maravilloso.

Un ***Nosotros***.

Escanea este código QR para profundizar acerca de este tema en:

https://ontopsiquis.com/es/es-amor.htm

QUIÉN ES QUIÉN

Somos Todos Diferentes

Cuando el efecto es la causa

El objetivo de esta sección es que tengas algunos elementos extra con los cuales te resulte más fácil la comprensión de varios hechos que suelen ser difíciles de asimilar.

1) La esencia de la gente no cambia.

2) Estamos determinados desde la genética a ver la vida de una forma particular.

3) Educarnos para vivir en una sociedad nos puede alejar de nuestra esencia.

4) Vivimos buscando retornar a nuestro centro, superando el desvío que nos provoca la cultura.

5) La gente "perfecta", habitualmente, lucha contra los demonios de su deseo.

6) Ser servicial suele no ser gratuito, y es común tener que enfrentar una deuda moral por el servicio recibido.

7) Hay personas que sólo sienten que "son alguien" en función de lo que hacen y/o de lo que tienen.

8) Muchos exponen su sentir esperando, solamente, un eco que les confirme que están vivos para otros.

9) Algunos necesitan poder comprender y explicar la realidad en la que viven; para, precisamente, vivir.

10) Los que no creen en sí mismos cuando están solos, son muy eficaces cuando están en un grupo.

11) Los que no creen en ninguno más que en ellos, son muy efectivos para manipular a los del grupo anterior.

12) Existen los que se toman todo con ligereza, buscando que lo grave de la vida nunca los alcance.

13) Algunos conquistan territorios y organizan sus microsociedades, simplemente, porque saben que pueden hacerlo.

14) Están los conciliadores, que se brindan sin reservas ni condiciones cuando intervienen para resolver conflictos o propiciar el surgimiento de lo justo, aunque eso no tenga que ver con la justicia.

Como puedes ver, la variedad de formas naturales de ser, así como la cantidad de matices que existen en este espectro casi infinito, contribuyen a la conformación de esto que llamamos humanidad; es decir, *Nosotros.*

A continuación, te presento un breve resumen de los tipos de personalidad esencial, que llamamos *ontotipos,* descritos en los dos tomos de nuestro libro *OntoPsiquis - Más allá del eneagrama y el psicoanálisis,* titulados *La Esencia de Tu Ser* y *Tus Fortalezas Dinámicas,* desde una perspectiva centrada en el ser y sin juicios ni diagnósticos, junto con una lista de actitudes valoradas y a trabajar de cada uno, aportada por nuestros alumnos.

Ontotipo A – Educador

Las personas con este ontotipo suelen sentirse dueños de la verdad, con un permiso natural para corregir a los demás y cumplir con su misión de educar.

Desde pequeños, siempre muestran interés en el conocimiento de las normas que regulan a sus grupos sociales; conocen las leyes y las interpretan para poder aplicarlas y hacer que las respeten.

Algo similar sucede con las tradiciones; disfrutando el momento en el que hay que volver a vivirlas porque es la oportunidad en que se convierten en la voz y en el medio para defenderlas, respetándolas y exigiendo que sean conocidas y respetadas.

Son, a la vez, portadores y retransmisores de las tradiciones, las regulaciones y la verdad.

Es importante este último cambio de número al singular.

La verdad.

Como conocedores de las formas en que las cosas deben ser realizadas, dejan poca o ninguna posibilidad a la expresión creativa de una solución alternativa como respuesta ante un evento que requiera una acción.

Muchos pueden llegar a verlos como soberbios e inflexibles, en tanto que otros pueden agradecer su capacidad para guiarlos al fijar un rumbo hacia la obtención de un logro, haciendo lo que debe hacerse.

Para ellos, hacer lo correcto es la única forma de acceder a lo perfecto, puesto que perciben a la perfección como el faro que guía su pensamiento, su accionar y su sentir.

Su alto nivel de autoexigencia, constantemente buscando tanto el error como formas efectivas para evitarlo o corregirlo, los impulsa a motivar también desde la exigencia, recurriendo a frases con enseñanzas tales como: "Está bien, pero podría estar mejor", "Responsabilízate y hazlo bien, o mejor no lo hagas", "El tiempo es oro", y/o la clásica "No dejes para mañana lo que puedas hacer hoy".

Su continua búsqueda de modos efectivos para alcanzar algún ideal de su interés lo hace luchar, tanto contra las limitaciones de la realidad como contra aquellos que las aceptan sin esforzarse por salir de su posición conformista.

Ven la vida en términos de sí o no, blanco o negro, sin grises ni matices de otros colores.

Organizan, ordenan y planifican los eventos y recursos de manera tal que la posibilidad de caos o de un imprevisto sea mínimo o inexistente. Prevén los recursos que son necesarios, según sus planes, y los administran para evitar sorpresas que interfieran con el logro de una meta y/o afecten su productividad.

Ejercen un nivel desmesurado de control sobre sí mismos que no les permite la espontaneidad, ni el juego lúdico sin reglas; no se dejan llevar por sus impulsos ni sus emociones.

Desde su perspectiva, basada en el deber, solamente existe la posibilidad de considerar su acceso a la gratificación, o al placer, tras haber cumplido con todo lo que había previsto en su estricta y abultada agenda diaria.

Como en el mundo real no tiene cabida el ideal de perfección, necesitan tener un espacio personal en el que el desorden sea posible; un permiso para el caos y el descontrol que puede abarcar desde un simple escritorio o cajón desordenado hasta momentos de consumo de alcohol y/o licencia sexual. En otras palabras, controlan hasta el tiempo en que les estaría permitido el descontrol.

La siguiente lista descriptiva, de actitudes valoradas y a trabajar, surge desde una visión supervisada y respetuosa de cada forma natural de ser y de actuar.

Actitudes valoradas

- Recto - Hace lo correcto
- Ético
- Responsable
- Educador
- Controlado
- Disciplinado
- Cuida el dinero
- Organizado
- Ordenado
- Puntual
- Honrado
- Honesto
- Alguien con quien contar
- Prudente
- Previsible
- Aplicado
- Guía
- Autoexigente
- Da seguridad

Actitudes a trabajar

- Perfeccionista
- Irritable
- Exigente
- Impaciente
- Cree tener siempre la razón
- Juez
- Educador
- Moralista
- Controlador
- Reprimido sexual
- Rígido
- Estricto
- Aburrido
- Soberbio (sabe cómo se hacen las cosas)
- Insatisfecho
- Normativo

Ontotipo B – Consejero

Estas personas tienen facilidad para establecer relaciones basadas en la devoción por los demás, con actitud servicial y amor; sin embargo, su nivel de entrega es de tal magnitud, que puede ocasionar que algunos disfruten con su relación tanto como que otros lleguen a sentirse acosados y/o asfixiados.

El tipo de amor que ofrecen, y sobre el que desarrollan el vínculo, es siempre condicional.

En otras palabras, aman buscando ser amados, pero con la característica particular de que no se quedan sólo con la posibilidad de recibir amor. La dinámica que sustenta su motivación para amar es la de aceptar que si no son amados al menos esperan ser queridos; si no lo son, les basta con que los deseen, pero si tampoco son deseados, se conforman con ser vistos como necesarios.

Podría decirse que todo lo que realizan para servir al otro, lo manifiestan como un sacrificio que exige, de algún modo, una retribución de amor o una gratificación.

Al dar amor y recibirlo a cambio, se sienten aprobados y aceptados; algo que interpretan como haber sido elegidos y que les confirma que siguen siendo una alternativa elegible en términos de una relación. Cuando esto sucede, se inicia una cadena de favores mutuos. En la misma, todos obtienen algún tipo de beneficio, en tanto suelen evitar que afloren sentimientos de agresión u odio al convertirlos en otros más aceptables vinculados con la generosidad.

Su generosidad y altruismo, así como su servicio y atenciones, pueden llegar a ser excesivos, pero no son desinteresados. Siempre exigen reconocimiento por lo que han entregado.

Cuando reciben desprecio u otro tipo de maltrato, en vez del trato que esperaban, pueden evidenciar y devolver lo recibido mediante una serie de reclamos en la que exponen todo lo que han hecho, así como todos los sacrificios que han soportado para lograr el bienestar del ingrato que los maltrata.

Son hábiles para detectar los deseos y las necesidades de los demás, con lo cual obtienen su oportunidad para intervenir y brindarles consejos y acompañamiento, aunque los mismos no hayan sido solicitados.

Su agenda diaria incluye una lista de eventos importantes, tales como cumpleaños, aniversarios y otras celebraciones, que utilizan para fortalecer sus vínculos sociales al estar presentes con un detalle, una llamada o un regalo.

Al igual que una mano que acaricia está siendo acariciada, se proveen de compañía cuando acompañan a alguien más. Por lo mismo, les resulta muy difícil reconocer y aceptar límites, recurriendo con facilidad al contacto físico y a la adulación como medios naturales para establecer y fortalecer vínculos.

Cuando las personas no responden de modo sostenido, constante, ni con la misma intensidad a tantos cuidados y dedicación, interpretan esa conducta como una amenaza que debilita a la relación y responden sacrificándose y dando más.

En esta dinámica, suelen cruzar los límites obvios que definen al espacio vital de cada individuo y pueden llegar a abusar de la confianza del otro.

Les interesa ser vistos y considerados como muy buenos amigos; logro que utilizan para valorar la calidad de su vida social. Buscan que sus amistades hablen acerca de sus cualidades, los refieran y les permitan agrandar su red para poder ofrecer sus consejos y servicios. A tal fin, se dedican con devoción a la satisfacción de las necesidades ajenas.

Su espíritu de sacrificio y de entrega, son las llaves que les permiten acceder a situaciones en las cuales pueden exigir una retribución afectiva.

Pareciera ser que al ocuparse de los demás se estuvieran ocupando de sí mismos, razón por la cual no suelen adentrarse en sus propias cuestiones emocionales y/o referidas a su ser.

Actitudes valoradas

- Servicial – Solidario – Entregado
- Caritativo – Generoso
- Jovial
- Optimista
- Expresa sentimientos agradables
- Percibe necesidades y deseos ajenos
- Nutricio
- Sociable
- Cuida a sus amistades
- Efusivo
- Amable – Amoroso
- "Cursi", en un sentido positivo
- Altruista
- Detallista - Observador

- Salvador
- Atento

Actitudes a trabajar

- Posesivo
- Oportunista de relaciones
- Cizañero
- Pospone sus propias necesidades y deseos
- Evita su sufrimiento
- Depende del qué dirán
- Invasivo, no respeta los límites
- No se compromete
- Adulador – Seductor
- No impone límites
- Manipulador – Chantajista
- Chismoso
- Superficial – Falso – No confiable
- Tercero en discordia
- Caprichoso
- Dramático
- Soberbio (sabe qué hay que hacer)
- Controlador – Asfixiante
- "Cobra facturas" – Rencoroso
- Se mete con las necesidades ajenas

Ontotipo C – Modelo

Son personas emprendedoras, ambiciosas, exigentes y altamente competitivas.

Para ellas, ganar no es una meta, sino una certeza que las guía cuando se proponen algo. Ese es el único camino al éxito que conocen; entendiendo éxito según sus términos.

Hablando de metas, la suya no es ganar por ganar, sino ser valorados al lograrlo; su premio no son los trofeos, sino los vítores y la gloria que recogen.

Su entrega personal al proponerse obtener algo es completa, porque el valor que tiene el premio, según lo dicho anteriormente, justifica cualquier acción que les permita vencer al otro.

Al liderar o competir, pueden llegar a ser modelos a seguir, generando admiración, identificación, indiferencia, críticas o envidia.

Siendo el más competitivo de todos los ontotipos, se comprende que el hecho de darse por vencidos o retirarse de una competencia no esté inscrito en su código interno.

Más aún, pueden volverse adictos a aquella actividad en la que quieran destacar o que hayan elegido utilizar para exponerse y ser vistos.

Al iniciar su carrera hacia la meta que se hayan propuesto, pueden dejar a un lado su vida personal.

Sus emociones, deseos y necesidades, son un lastre que pueden debilitarlos si se permiten darles su importancia, ya que derivan su energía y les distraen del logro de sus objetivos.

Son personas ambiciosas, para las cuales alcanzar el éxito es equivalente a obtener aquellos bienes que son anhelados y valorados por los demás, recibiendo ellas ese valor.

En pocas palabras, no sienten que tienen algo valioso al ser ellas mismas, sino que deben hacer o tener para valer.

Su satisfacción ante un logro siempre depende de la opinión del público que los ve competir y ganar; opinión que, una vez recibida e incorporada como valoración, les provoca la sensación de no poseer suficiente valor y alimenta su necesidad de querer obtener algo más.

Idealizan tanto a aquellos que han logrado el éxito como a ellos mismos. De este modo, logran compensar su propia desvalorización e impulsar su insaciable necesidad de ser especiales, héroes admirables que atraen y atrapan la atención y la admiración de los demás.

Por lo mismo, suelen dedicar su tiempo y su esfuerzo al logro de objetivos que no son sencillos y que les exige ir más allá de los límites de su resistencia física; obteniendo como beneficio adicional, a cambio de tanto empeño, una oportunidad más para evitar contactar con su mundo interior.

Paradójicamente, ese vacío que sienten y buscan rellenar casi con desesperación, requiere de un esfuerzo que parece estar fuera de su alcance; dado que para valorarse y premiarse a sí mismos tendrían que

Dr. Aníbal P. Santoro

convertirse en su propio público, apartándose de ese exterior que les exige más con cada premio que les da.

Sin embargo, se manejan por la vida y la sociedad según sean los estándares de imagen impuestos por el medio en el que eligen desarrollarse; apartándose de su propia esencia al adaptarse, camaleónicamente, a las modas y todo aquello que detectan que valora su público potencial.

De hecho, su camino al éxito depende de la efectividad de su habilidad para poder descubrir lo que la gente considera que es atractivo.

Actitudes valoradas

- Divertido
- Coqueto (dedicado a su imagen)
- Competitivo contra otros
- Motivador – Ayuda a destacar
- Luchador
- Modelo a seguir
- Heroico
- Seductor
- Emprendedor
- Vendedor
- Positivo
- Elegante – Glamoroso
- Atractivo
- Con elevada autoestima
- Perseverante

Actitudes a trabajar

- Profesional, con poca afectividad
- Falso – Hipócrita
- Arrogante

50

- Competitivo
- Sin límites
- Narcisista
- Trabajo-adicto
- Se debe y se entrega a su imagen
- Camaleónico
- Devaluador
- Depende del qué dirán
- Busca ser admirado
- Pierde el respeto a sí mismo
- Idealiza
- Se muestra grandioso
- Presumido
- Convenenciero – Oportunista
- Dependiente de expectativas

Ontotipo D – Especial

Son individuos a los que les importa el desarrollo de su identidad, con independencia de los modelos de identificación externos.

Saben muy bien quiénes son ellos y se permiten contactar con sus emociones, frustraciones y sentimientos de un modo profundo al que la mayoría de la gente no se atreve o ni siquiera se imagina que pudiera ser vivido.

Desde esta perspectiva y en el plano existencial, lo verdaderamente intolerable para ellos cuando quieren expresar y compartir una parte de su vida y su sentir, es la ausencia del eco que esperaban les fuera devuelto por los demás. Cuando la indiferencia y la desconsideración desde el entorno se hacen presentes, se repliegan rápidamente sobre sí mismos para refugiarse en su enriquecido mundo interior, ese que tan bien han cultivado y en el que tan a gusto se sienten.

Los juicios pueden herirlos con facilidad dado que, para ellos, representan que no han sido recibidos, es decir, la negación de su ser. Un juicio les representa una evaluación de sus acciones evidentes, pero no de sus significados, motivaciones ni intenciones.

Se sienten diferentes y especiales, porque poseen un elevado nivel de comprensión de la vida y las relaciones humanas; característica que los aleja del común de la gente debido a que la misma no suele profundizar ni significar a la vida del modo en como ellos la perciben.

La valoración de su existencia reside en lo que pueden expresar desde sus emociones y su sentir, por lo cual no suelen darle demasiada importancia a lo que hacen o poseen, ya que lo que importa es que los demás los reciban.

Evidentemente, una forma conocida de este tipo de interacción con la gente, aunque no la única posible, es a través de la expresión artística, abarcando todas sus manifestaciones, desde la actuación hasta la escritura.

Son personas atraídas por los misterios de la existencia, interesadas en descubrir lo que se encuentra más allá de lo visible y lo tangible, tanto en lo esotérico, espiritual, parapsicológico, misterioso u oculto, como en la psique humana y en la interpretación del mundo inconsciente.

Son seres auténticos, sin máscaras, apegados a la verdad encerrada en la esencia de las cosas, libres de apariencias o modas, sensibles sin reservas, apasionados y estetas.

Su íntimo contacto con su realidad interna hace que lo social, ese protocolo utilizado para pasar el momento con otras personas mediante el uso de conversaciones superficiales y/o de escasa trascendencia, no sea de su interés. Esta diferente forma de vincularse con la realidad les hace sentir que no los comprenden, que son excluidos de los grupos, o que no pertenecen.

Retienen los sucesos de su vida desde el significado que pudieron elaborar a partir de lo vivido, en vez de hacerlo desde la simple descripción de los mismos.

Por lo mismo, todos sus recuerdos son evocados en conjunto con las emociones, los sentimientos y las respuestas afectivas que vivieron; resultándoles difícil despegarse y, mucho más, olvidarse de las agresiones que pudieron haber recibido en su pasado.

Por otra parte, esa extrema sensibilidad, que les permite sentir la profundidad e importancia de la vida, es la misma que utilizan tanto para contactar empáticamente con las personas que se les acercan como para poder brindarles la ayuda que necesitan.

Creen en el amor, la generosidad y la bondad, resistiéndose a aceptar que la maldad y la crueldad sean naturales en el ser humano.

Naturalmente, son intuitivos y capaces de recibir, elaborar, transformar y devolverle a cada individuo aquello que necesitan para comprender su realidad y para construirse nuevas herramientas con las cuales poder sobreponerse y continuar con su vida.

Actitudes valoradas

- Sensible – Empático - Intuitivo
- Creativo
- Artístico
- Honesto
- Confiable – Fiel
- Intenso – Pasional
- Continente
- Sensual
- Auténtico
- Soñador
- Detallista
- Amable – Amoroso
- Humilde
- Cálido
- Entregado
- Introspectivo
- Respetuoso

Actitudes a trabajar

- Abusable
- Vulnerable – Depresivo
- Hipersensible (sobredimensiona)
- Se siente culpable
- No opone defensas ante el dolor
- Ensimismado
- Retentivo
- Frustrado
- Manipulable
- Siente que es incomprendido
- Indefenso emocional ante el otro
- Pide permiso
- Sensación de no encajar
- Se justifica
- Pensamiento mágico (el otro sabe qué quiero)
- Demandante
- Miedo a la agresión
- Víctima

Ontotipo E – Explorador

Las personas con este ontotipo tienen su principal fortaleza en su mente.

Son, principalmente, seres pensantes, cerebrales, con capacidad para separar el pensamiento del sentimiento de tal modo que su parte emocional no influya ni interfiera con su razonamiento, para poder así llegar a conclusiones objetivas y bien fundadas.

El método científico parece haber sido escrito por y para ellos. Logran interactuar con la realidad de un modo natural, analítico y descriptivo, por ser dueños de una habilidad superior para analizar datos, sintetizar, y generar nuevas preguntas, respuestas y soluciones.

Analizan la realidad fragmentando lo que perciben en pequeñas porciones que les resultan fáciles de ser identificadas y comprendidas, de modo tal que les permitan determinar tanto las posibles amenazas y beneficios como los recursos propios que deberían utilizar en el caso de llegar a tener que enfrentarlas en su vida.

Esos fragmentos, que resultan de su proceso analítico, los almacenan en su mente para constituir la imagen de un espacio controlable en el que pueden vivir sin temor.

Esta "Departamentalización de la Realidad", que realizan de forma natural, metódica y constante, es su estrategia ante su tendencia a sentir miedo de todo lo que los rodea.

En esa temida realidad también están las personas y las relaciones humanas; complejos elementos de la vida que procesan y convierten en los datos que necesitan para poder vincularse en un plano meramente racional.

Previo a poder establecer una relación con otra persona tienen que poder "despersonalizarla"; así como también, antes de relacionarse, tienen que "desafectivar" la relación.

Dejarse llevar por sus emociones e impulsos, o enfrentar espontáneamente una situación imprevista, son retos extremadamente difíciles de enfrentar, debido a que equivalen a abandonar el amparo de su mente para exponerse, sin la defensa de su pensamiento, a lo posible e inesperado que existe en la realidad.

Son personas hábiles en laboratorios de investigación o en el plano académico, que habitualmente son incomprendidas o destinatarias de burlas o diagnósticos.

Están tan inmersas en sus procesos lógicos que suelen ser vistas como distraídas frente a las demandas o exigencias de su entorno; razón por la cual se las diagnóstica como portadoras de un trastorno por déficit de atención.

Esto es un error, porque sí pueden concentrarse; sólo que en aquello que es de su interés y no en lo que les es impuesto.

Ese ensimismamiento y encierro en el ámbito de sus razonamientos y conclusiones hace que se olviden de sus necesidades básicas de supervivencia, motivo por el cual son dependientes de que alguien les esté atendiendo y/o recordando el beneficio de comer o de higienizarse.

Las pautas sociales y culturales, así como los hábitos en general, no son de su interés porque el destino de las mismas es la integración social, es decir, esa realidad a la que naturalmente le temen y que tanto les cuesta aceptar.

Tanto si se dedican a alguna actividad científica como a algo tan simple como el modelismo a escala, su manera de interactuar con la realidad es la misma.

Son genios más allá de lo que indique un coeficiente intelectual; capaces de ver lo que el resto de la gente no ve. Esta última característica explica su talento natural para enseñar, dado que no recitan ni repiten teorías, sino que enseñan a pensar para obtener nuevas conclusiones acerca de cualquier tema que enseñen.

Actitudes valoradas

- Intelectual
- Analítico - Deductivo
- Recluido
- Elocuente
- Auténtico
- Intelectualmente autónomo
- Conocedor – Experto
- Objetivo
- Racional
- Sabe enfocarse y halla lo importante
- Meticuloso
- Metódico
- Observador
- Escrupuloso
- Ético
- Ambicioso intelectual
- Moral
- Especialista

- Con mente científica
- Erudito

Actitudes a trabajar

- Insensible
- Desvinculado
- Ensimismado
- Descuidado
- Abandonado
- Torpe social
- Dependiente
- Desconsiderado
- Celoso y avaro de su tiempo
- Reservado
- Narcisista intelectual
- Devaluador
- Inseguro social – Tímido
- Despersonaliza (ve a una persona como un dato)
- No fluye
- Desafectiva (ve a una relación como un dato)
- Egoísta

Ontotipo F – Leal

Son personas leales, responsables, sensibles y agradecidas, que moderan el accionar de sus miedos con la seguridad que les provee la pertenencia a grupos.

Confían muy poco en ellas mismas. Someten al análisis de sus dudas e inseguridades las pocas certezas sobre la realidad que son capaces de obtener, quedando de este modo atrapadas en la indecisión y, a veces, también en la inacción.

Se sienten seguras cuando forman parte de algún grupo en el que haya una o más personas en las que puedan confiar, ya que necesitan que haya alguien que se haga cargo de la responsabilidad sobre las acciones que se les pide que realicen.

Su lealtad y sumisión voluntaria a la autoridad que hayan elegido como guía, las vuelven altamente efectivas; siendo su forma de comportarse similar a la que está presente en la conocida "obediencia debida" de los grupos militares.

Son solidarios y confiables cuando se les encomiendan tareas, a condición de que se les hayan dado claras directrices para realizarlas, y cuenten con el respaldo de una autoridad que se haga cargo de las posibles consecuencias emergentes.

Tras su miedo, reforzado en su escasa confianza en sí mismas, son personas cálidas y afectuosas, que buscan guía y protección en tanto se sienten útiles para los demás.

No suelen discutir órdenes ni cuestionar instrucciones; sin embargo, sí dudan de sus propias iniciativas. Por esta razón, se sienten cómodas y con paz mental cuando aprenden, incorporan y realizan tareas rutinarias.

En su mente, al obedecer están eliminando toda posibilidad de error, así como cualquier responsabilidad si es que alguno se presenta. Después de todo, hicieron lo que alguien con autoridad les indicó que hicieran.

Hay una tendencia hacia una visión conservadora de los hechos de la vida, la cultura y el rumbo de una sociedad. Vivir dentro de lo conocido, haciendo lo ya probado, les permite relajarse y no ser tan cautelosos y pesimistas.

Esa defensa de lo conocido, que les aporta seguridad y paz, puede propiciar posturas extremas en ellos, si sienten que su grupo de pertenencia pudiera estar siendo amenazado por alguna acción externa al mismo.

Si fuese el caso, consideran que el grupo y la pertenencia al mismo tienen más valor que cualquier verdad contraria, aunque ella esté científicamente probada.

Anticipan problemas que no siempre se presentan. Consumen su energía al detenerse tras sus dudas y conjeturas, en tanto construyen estructuras defensivas para responderle a lo que aún no ha sucedido, y que muy probablemente no sucederá.

Desde su perspectiva, ante la posibilidad imaginaria o real de que exista una situación desastrosa, su única certeza es que lo peor sí sucederá; pasando a sentirse desprotegidos, angustiados e impotentes frente a la desgracia inevitable.

Aunque sean capaces de ahorrar y cuenten con respaldo económico, sienten que se empobrecen y que no serán capaces de proveerse un futuro seguro y prometedor.

Por esta razón, suelen buscar fórmulas que les expliquen qué hacer o cómo proceder; escuchando y apoyándose en las palabras de astrólogos, videntes, psicólogos, parapsicólogos, grafólogos, maestros, sacerdotes, familiares, amigos o cualesquiera otros que pudieran significarles o representar una autoridad aceptable.

Algo que puede llegar a aterrarles es considerar la posibilidad de encontrarse en la necesidad de tener que tomar sus propias decisiones.

Actitudes valoradas

- Sensible
- Leal-Fiel
- Generoso
- Responsable
- Meticuloso
- Acepta que tiene miedo
- Confiable y es capaz de confiar
- Cumple con lo que se espera de él
- Agradecido
- Solidario
- Cooperativo
- Buscador de vínculos
- Sin malicia
- Cálido

Actitudes a trabajar

- Indeciso
- Moldeable – Convenenciero

- Duda de todo
- Inseguro – Miedo a la propia iniciativa
- Duda de sí mismo (hipocondríaco)
- Obsesivo
- Miedoso
- Pesimista
- Estresado
- Dependiente
- Quejumbroso
- Ingenuo – Sin malicia
- Tímido – Penoso
- Rutinario
- Con tendencia a la mediocridad

Ontotipo G – Escéptico

Son individuos naturalmente desconfiados de todo y de todos, tanto de eventos como de intenciones; meticulosos, perfeccionistas y enfocados en los detalles para dominar su realidad circundante y, así, llegar a apropiarse del control sobre situaciones y personas.

Están siempre preparados para desarmar a cualquier enemigo; generando crisis que desestabilizan a los demás, sobre todo cuando hay momentos de calma, para poder obtener su propia estabilidad.

El concepto de estabilidad es diferente al de seguridad; en tanto que esta última refiere a poseer una o más redes de garantía, la estabilidad se fortalece al detectar, identificar, controlar y/o eliminar a cualquier fuente de amenazas o peligros.

Por su escasa o casi nula confianza en las personas, su perspectiva personal, acerca de las mismas y los sucesos de la vida, cobra el valor de verdad absoluta. Este verse como "portadores de la verdad" les estructura, de algún modo, su psique.

Esa desconfianza hacia todos los que no son ellos se alimenta de un profundo miedo y de su sensación de estar obligados a tener que vivir en alerta constante, para anticipar ataques y poder defenderse golpeando primero.

La contraparte de su desconfianza en los demás está en su extrema confianza en sí mismos y en su capacidad natural para interpretar regulaciones y leyes; claro que desde una perspectiva conveniente para ellos que les permite tener y sostener el control en sus diversos grupos.

Pueden sentirse tanto o más cómodos en dichos grupos que en su casa con su familia.

Siendo poseedores de una mente digna de un detective, ven la posibilidad de que existan intenciones ocultas en cualquier situación; por lo cual, su forma sistemática y generalizada de dudar se constituye en su herramienta y en su defensa.

No dan nada por cierto ni seguro.

Estas características los convierten en personas muy buscadas en las empresas, dado que pueden anticipar problemas, manipular a las personas, tanto para atraerlas como para controlarlas y contenerlas. Suelen hacer lo que sea necesario, sin que sus emociones ni sentimientos interfieran con lo que buscan lograr o se les pide que realicen.

Cuando su mente no está ocupada, tienen tiempo para pensar en sus temores y se llenan de ansiedad.

Son hábiles para desarrollar y formalizar alianzas; de hecho, aunque no confíen en los demás, les resulta muy útil contar con una o más personas cerca suyo para poder descargar sus tensiones y/o su responsabilidad sobre ellas.

Difícilmente se hacen cargo de las consecuencias de algún error que cometen, pues fácilmente dan vuelta la situación para presentarla de modo en que la responsabilidad y/o la culpa recaen sobre alguien más.

Suelen ser bien aceptados en grupos sociales, por su capacidad para ofrecer el chiste oportuno o la nota cómica que distiende las tensiones en una reunión; sin embargo, la relación con su propia familia puede llegar a ser conflictiva debido a su necesidad de tener todo y a todos bajo su control.

Actitudes valoradas

- Responsable
- Se presenta muy social y encantador
- Analítico
- Profesional
- Estratega – Ingenioso – Planificador
- Logra sus metas
- Comediante – Humorista
- Detective
- Osado – Temerario – Aventado
- Detecta debilidades y fortalezas

Actitudes a trabajar

- Seductor
- Parásito abusivo
- Falsa víctima
- Sádico cruel
- Destructivo
- Déspota
- Quejumbroso
- Controlador
- Estratega
- Victimario
- Duda de todos (paranoide) – Desconfiado
- Incapaz de amar
- Explosivo – Descarga con violencia
- Detecta oportunidades para atacar
- Convenenciero
- Manipulador
- Contrafóbico para decidir y actuar
- Con complejo de inferioridad
- Miedoso escondido – Cobarde
- Leal-Traidor – Doble cara

- Cazador
- Obsesivo
- Envidioso
- Recurre a la defensa maníaca: (control – triunfo – devaluación omnipotente)
- Reacciona en forma negativa ante las expectativas dirigidas hacia su persona

Ontotipo H – Hiperactivo

Son personas joviales, activas, inquietas y ávidas de todo tipo de estímulos que las entretengan y que les permitan vivir sin huecos anímicos o emocionales.

Su mente ágil siempre está creando y conectando ideas, en un árbol de ramificaciones casi infinitas; algo que los define como muy buenos proyectistas, pensadores, soñadores y planeadores.

Les cuesta terminar los proyectos que inician porque, para ellos, la diversión está en el viaje y nunca en la llegada. Por esta razón, suelen abandonar o retrasar su proyecto cuando está próximo a ser terminado, porque su mente ya está inmersa en los detalles del siguiente.

Son eternos buscadores de la felicidad, en sus términos. Para ellos, la felicidad es la ausencia tanto de tristezas como de cualquier situación que les exija una respuesta emocional ante el dolor, la desesperación o la angustia.

Esto hace que sean buenos maestros de ceremonia, hábiles tanto para detectar el nivel del espíritu reinante en cada reunión, fiesta o evento como para proponer alguna acción oportuna destinada a mantener elevado el ánimo general.

Su mente suele estar ubicada en el futuro y difícilmente alguna vez pudiera llegar a estar en el aquí y en el ahora.

El motivo es muy simple y nada tiene que ver con que sean distraídos, sino con que en el presente enfrentan la posibilidad de tener que responder a alguna exigencia afectiva o empática que los exponga a una eventual movilización interior sensible.

Dicho de otro modo, para ellos el presente representa una amenaza casi cierta de tener que enfrentar dolor emocional.

Cuando se mueven en el ámbito de su mente, inmersos en sus proyectos, son libres y felices.

Disfrutan con la expectativa, con todo aquello que podría llegar a suceder. En una fiesta, los atrae el misterio que se esconde detrás del posible destino de la celebración.

Al vivir escapando del vacío, el exceso es la única opción que les queda para acceder al placer. Nada les alcanza ni les satisface completamente, debido a que, para poder sentirse satisfechos, tendrían que estar presentes y recibiendo lo que están viviendo.

Esos excesos pueden ser de cualquier tipo y sin excluir nada, abarcando desde comidas hasta salidas, desde novedades sobre la moda hasta chistes, desde relaciones hasta libros.

Nada parece ser suficiente, pero todo sirve.

Cuando tienen que interactuar con otra persona, suelen vivenciar los naturales y normales silencios entre las oraciones como algo amenazante, por su temor a la respuesta afectiva que se les pudiera llegar a exigir. Es entonces cuando recurren al arcón de recursos con el que cuentan; pudiendo utilizar tanto un chiste novedoso como una cita de un libro, tanto una noticia como un secreto que les confió un amigo.

No hay mala intención cuando quiebra el secreto y comparte algo confidencial; sólo su desesperación ante la eventual obligación de tener que contactar con un eventual dolor emocional que temen no poder superar.

Les gusta competir contra otros, pero no tanto por la obtención del premio sino por la aventura que se imaginan que vivirán durante la competencia, así como por las oportunidades que surgirán para hacer trampas o travesuras.

Todo es válido para divertirse.

La premisa es no sufrir, y al estar entretenidos sienten que han logrado la felicidad.

Actitudes valoradas

- Divertido
- Generoso
- Social
- Animador
- Maestro de ceremonias
- Amigable
- Platicador
- Alegre
- Simpático
- Optimista
- Enigmático
- Busca ser feliz generando distracciones
- Relajado
- Travieso

Actitudes a trabajar

- Evita los sentimientos
- No vive el ahora, vive en el futuro
- Demasiado social
- Controlador
- Teme al dolor interior

- Superficial
- Hiperactivo
- Planea todo
- Egocéntrico
- Irónico
- Derrochador
- Insaciable
- Se aburre fácilmente
- Malhumorado
- Exigente

Ontotipo I – Territorial

Son personas competitivas, proveedoras y protectoras que conocen el poder que reside en ellas. Aventureras y apasionadas, que pueden llegar a cometer excesos y dejarse llevar por sus impulsos.

Esa consciencia natural acerca de su poder y lo que son capaces de lograr, a menudo los enfrenta con situaciones casi imposibles para otras personas, pero que ellos saben que las pueden realizar.

Muchos podrán juzgarlos de prepotentes u omnipotentes. Sin embargo, cuando una situación exigente se presenta, suelen lograr sus objetivos; sea que tengan los recursos suficientes o que hayan tenido que crearlos durante el proceso.

Tanto poder tiene un punto débil, que es el referido a la expresión del amor. Según ellos, amar los ubica en una posición de vulnerabilidad que los debilita.

Para evitar esta sensación se rigidizan y se cubren con una coraza impenetrable que tanto los protegen como que los vuelve inalcanzables.

Al momento de verse en la necesidad de tener que pedir algo, sienten que se quedan en desventaja. Cuando se les quiere dar algo, ya sea que se trate de un elogio, una caricia o cualquier otra cosa que ellos no hayan pedido, no les resulta natural, y tampoco sencillo, aceptar y recibir.

En pocas palabras, son buenos protectores y proveedores, pero se les hace muy difícil recibir lo que no han solicitado.

Basados en la seguridad que les brinda ser conscientes de su poder, suelen tener dificultades con la aceptación de las reglas y las leyes comunes para todos; porque ellos no se consideran como parte de lo que es común.

No les agrada sentirse limitados ni controlados, y tampoco que le digan lo que deben hacer. Cuando esto sucede, pueden actuar el enojo que esto les produce sin que medie algún tipo de autocontrol o alguna pausa para razonar sobre las consecuencias de llevar su ira a la acción.

Es habitual verlos conformar sus microsociedades, mismas en las que la ley reinante es la suya, como si se tratase de feudos en los que los señores feudales proveen y protegen a los habitantes de sus ciudadelas.

Son directos y efectivos, guerreros impulsivos y viscerales, que agradecen tanto a los que luchan a su lado como a los que los eligen como adversarios para enfrentarlos luchando.

Son los únicos que pueden ser vistos como auténticamente vengativos.

Acompañan a todos los que consideran comprometidos con sus sueños, a los valientes y, en general, a todos aquellos que se atrevan a lograr lo que quieren o necesitan.

No soportan la cobardía, la tibieza, la mediocridad y, mucho menos, la traición.

Dado que no tienen nada que demostrar a otros y tampoco a ellos mismos, poseen un liderazgo natural cuyos logros están exentos de interés personal. Sin embargo, los objetivos que conquistan incrementan tanto su territorio físico como la base humana de sus leales seguidores.

Una vez que inician una campaña, no se detienen hasta obtener lo que quieren lograr; sintiéndose más motivados cuando se presentan retos o dificultades, o cuando alguien les dice que eso que ambicionan no lo podrán hacer.

Actitudes valoradas

- Protector
- Fuerte – Poderoso
- Luchador – Agresivo – Aguerrido
- Resistente
- Apasionado
- Seguro de sí
- Proveedor de medios y herramientas
- Líder natural
- Espontáneo
- Empático
- Motivador
- Afectivo
- Tenaz
- Perseverante
- Detecta las necesidades de los suyos
- Defensor de los suyos
- Franco
- Confiable

Actitudes a trabajar

- Violento
- Impulsivo
- Terminante (conmigo o en mi contra)
- Visceral
- Autoritario
- Vengativo

- Orgulloso
- Desconsiderado
- Duro
- Cruel
- Radical – Sin medida ni términos medios
- Tajante
- Sigue su propia ley

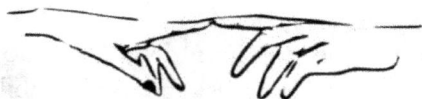

Ontotipo J – Armonizador

Son individuos que viven dispuestos a intervenir en cualquier situación con el fin de poder evitar conflictos e injusticias, sin esperar nada a cambio.

Curiosamente, así como pueden exponerse para defender a otros, ellos mismos no se protegen de abusos ni malos tratos.

Tienen una capacidad natural para adaptarse a condiciones que el común de la gente no toleraría por mucho tiempo; siendo esa híper-adaptabilidad tanto su mejor herramienta competitiva como su mayor maldición.

Al adaptarse a todo sin oponer condiciones ni resistencias, favorecen el hecho de que alguien pueda llegar a abusar de ellos. Además, dado que compiten contra sí mismos, solos se construyen la trampa en la que quedan atrapados al intentar demostrar que pueden aguantar un poco más.

En donde otros se cansan y abandonan, ellos se sostienen. Poseedores de un trato especial con el tiempo, tienen la certeza de que lo imposible es algo que sólo se demora un poco más en suceder.

Este manejo con el tiempo tiene aspectos positivos y negativos, de los cuales, parecen no ser conscientes.

Por una parte, les permite salir airosos de situaciones conflictivas, en las que el estrés y las respuestas desesperadas son la peor opción, prácticamente sin señales de desgaste emocional.

Sin embargo, su concepción subjetiva del tiempo puede llegar a enfrentarse a lo que es el tiempo requerido para el cumplimiento de una labor; siendo evaluados como procrastinadores.

El tema de llegar a ser juzgados es algo que puede afectarles profundamente, dado que son buscadores de paz y armonía. No les agrada ser vistos como los causantes de un problema o un conflicto, y tampoco tener que dar explicaciones.

Dan todo de sí mismos, sin reservarse nada, para tener su mente a salvo de cualquier opinión que intente hacerlos responsables de lo que a otros les representa una dificultad o un daño.

Son automotivados, autocontrolados, autodisciplinados, autónomos.

Todos estos "auto-", sumados a que muy rara vez comparten sus necesidades, hacen que los demás no puedan detectar qué es lo que necesitan. No dan pistas para que alguna necesidad se torne visible y llegue a servir como una puerta de entrada a su ser.

No tienen grandes altibajos. Son autocontenidos y uniformes. Disfrutan lo que viven sin que el exterior pueda distinguir su gozo con facilidad.

Naturalmente, para ellos, siempre existe una salida a cualquier situación apremiante, estresante o difícil, por lo cual su visión sobre la vida es positiva y realista, no optimista.

Buscando que haya paz, pueden desaparecer, cediendo cualquier protagonismo con el fin de no llegar a ser causa de conflictos.

Tienen la capacidad de disociarse de la realidad, para evitar contactar con agresiones y con su propia ira, desarrollando conductas pasivo-agresivas que suelen ser causa de mayores conflictos, a pesar de que ellos buscaban lo opuesto.

Actitudes valoradas

- Le gusta ser quien es
- Ama incondicionalmente
- Tranquilo – Equilibrado
- Cordial
- Portador de una natural visión positiva de la vida
- Tolerante
- Paciente – El tiempo es su amigo
- Altruista – Generoso
- Conciliador
- Empático
- Feliz
- Fluye con la vida
- Ligero
- Abnegado
- Híper-adaptable
- Uniformemente apasionado con la vida
- Puede entristecerse, pero no deprimirse

Actitudes a trabajar

- No se da lugar a sí mismo
- No se es leal
- Teme, huye de los conflictos o los niega
- Pasivo-agresivo
- Sometido
- Detiene al mundo cuando grita "basta"
- Abnegado
- Híper-adaptable
- Se despega de la realidad que lo exige
- Responde a sus propios tiempos

- Se dispersa con facilidad
- Ausente
- Aparentemente desapasionado
- Negligente
- Se lo percibe cansado o desganado

Diferencias que unen y separan

Hasta aquí te he presentado las características generales de las 10 formas principales que pueden adoptar los tipos esenciales de personalidad, u ontotipos. Sin embargo, falta por aclarar qué hace que este conjunto de habilidades pueda definir la posibilidad o la imposibilidad de conformar un *Nosotros*.

La respuesta está en las motivaciones intrínsecas, tal y como se llaman en psicología.

Diciéndolo de un modo más coloquial, se trata de aquello que naturalmente moviliza a la acción a cada ser humano desde su esencia.

Si el perfil de una persona es con tendencia al miedo, dudará cuando vea un puente que deba cruzar, porque su miedo natural borrará cualquier otra posible representación y/o noción de utilidad sobre ese puente.

En cambio, ese mismo puente frente a una persona dueña de su poder, habituada a competir y conquistar, será visto como una oportunidad hacia el logro de sus metas.

Y así podríamos seguir utilizando ese puente y sus posibles significados con cada uno de los 10 ontotipos.

Esa movilización desde el interior, esa motivación inconsciente que surge sin previo aviso ni consciencia, responde a las necesidades de cada persona.

Pero no son necesidades gestadas en las circunstancias que se presentan a diario. Nada tienen que ver con las exigencias del entorno ni con las respuestas que hay que darle a la vida cuando una emergencia, una urgencia o un quiebre del transparente fluir aparece en nuestro camino.

Se trata de necesidades que están en sintonía con la forma natural de ser, es decir aquella que está en la base y que nunca es alcanzada, desplazada ni borrada por la educación ni por el tamiz cultural.

Nombramos como Necesidades Primarias a las mismas, aclarando que todas ellas son diferentes y, al igual que los ontotipos, ninguna es mejor o peor que otra, así como ninguna está bien o mal; más allá de lo que le convenga o no a la persona que necesite opinar sobre las mismas.

Estas diferencias parecen ser un tema menor, pero no lo son. Después de todo, cada quien tiene derecho a ver la vida como "puede" verla.

La motivación intrínseca, cimentada en las necesidades primarias, es tan incomprendida como poderosa.

Es muy común pensar que con dinero o algún tipo de beneficios momentáneos se puede llegar a entusiasmar a una persona para que realice una tarea que, sin ese incentivo, comúnmente no haría.

Sin embargo, la búsqueda inconsciente de la satisfacción de las necesidades primarias tiene la suficiente fuerza como para romper los condicionamientos externos que se pretenden imponer para lograr que la persona asuma comportamientos, actitudes y/o realice acciones que otros necesitan.

Las personas se desmotivan muy fácil y rápidamente cuando cualquier actividad atenta contra la satisfacción de la necesidad primaria; con la lógica consecuencia de comenzar a desempeñarse de forma deficiente, cometer errores e, inclusive, renunciar o abandonar sus labores.

Todo se puede volver un poco más complejo a nivel relaciones cuando nos damos cuenta de que las mismas también significan cosas distintas según sea el ontotipo.

En nuestra teoría definimos tres grupos en los que la importancia y el significado que tienen, tanto la otra persona como la relación con ella, son marcadamente diferentes.

El primer grupo es de aquellas personas naturalmente empáticas.

Aquí, como en toda esta lectura que te traigo, el énfasis recae en la palabra "naturalmente".

No se trata de hacer cursos para aprender cómo prestarle atención a una persona o cómo responderle para que sienta que es tenida en cuenta. Estos métodos, si bien pueden ser útiles a otros fines, son ineficaces e insuficientes a nivel de las relaciones humanas.

Los empáticos naturales son capaces de vibrar con la otra persona, sentir su sentir, sufrir y gozar con ellos; la mayoría de las veces sin que, siquiera, medie una palabra.

En este grupo de personas están los ontotipos D-Especial, I-Territorial y J-Armonizador. Sustentan su perspectiva, acerca de la vida y las relaciones, en el querer, el sentir y la acción en un plano interpersonal sincero.

Un segundo grupo está conformado por aquellas personas que se defienden de las demás, relacionándose sólo con la imagen de las mismas que crearon en su mente.

El miedo está presente, de alguna forma, en todos estos ontotipos, pudiendo identificar el miedo a los impulsos inconscientes o, incluso, al miedo mismo, y confiando de modo excluyente en los demás, o en sí, o en el exterior.

Para estas personas, la vida se transforma en una lucha diaria por la supervivencia, en la que la única forma posible de lograrla es desarrollando su capacidad para estructurarse, organizar, atenerse a rutinas y agendas, y controlar.

Son administradores e investigadores naturales, para quienes las relaciones humanas representan situaciones que deben ser entendidas, reguladas y, de algún modo, utilizadas para algún fin útil y conveniente. Es gente que piensa sus emociones en vez de sentirlas, y se manejan desde el deber.

Pertenecen a este grupo los ontotipos A-Educador, E-Explorador, F-Leal y G-Escéptico.

Existe un tercer y último grupo, que es el de las personas que invierten en sus relaciones y en su imagen frente al mundo, dando algo a los otros en tanto esperan recibir un retorno por su inversión.

Son muy sociales y suelen estar al pendiente de la opinión de los demás.

Curiosamente, aunque sean muy sociales, su vida afectiva queda opacada por la importancia que le dan a su vida social y a las apariencias.

En este último grupo encontramos a las personas con los ontotipos B-Consejero, C-Modelo y H-Hiperactivo.

Ahora podemos comprender mejor cómo se establecen esas compatibilidades o incompatibilidades en las relaciones.

Cada uno de los 10 ontotipos tiene su propia necesidad primaria, y son éstas:

A	Educador	- Ser perfecto
B	Consejero	- Ser amado, querido o necesitado
C	Modelo	- Ser valorado
D	Especial	- Ser
E	Explorador	- Ser experto
F	Leal	- Tener seguridad
G	Escéptico	- Tener estabilidad
H	Hiperactivo	- Tener felicidad
I	Territorial	- Tener poder
J	Armonizador	- Tener paz y armonía

Ten en cuenta que cada una de estas necesidades primarias, son independientes de las circunstancias de vida que a cada individuo le toque vivir.

La idea, para comprenderlo mejor, es pensar en qué es lo que necesitas cuando nada necesitas; es decir, qué es lo que te motiva a hacer algo cuando todo está bien.

Aunque pueda parecerte una utopía pensar en que alguna vez todo pudiera llegar a estar bien, es un hecho que, aun cuando estés atravesando una necesidad que deba ser satisfecha como, por ejemplo, ganar dinero para pagar tus deudas o conseguir un empleo, aún en medio de todas esas exigencias del entorno tu necesidad primaria seguirá dictando el rumbo de tus decisiones y luchará desde tu interior contra las motivaciones superficiales que la nieguen, la amenacen o la contradigan.

Esto hace que la conformación de un *Nosotros* pudiera no ser algo tan sencillo ni que dependa, simplemente, de dejarse llevar por la atracción u obedecer a una orden externa que nos exija trabajar en equipo.

En *Coaching* de equipos es vital poder detectar estos perfiles, que son propios de cada tipo esencial de personalidad.

Un equipo es un grupo cohesionado; siendo el principal elemento para lograr dicha cohesión el establecimiento de la confianza entre los integrantes.

Sin embargo, ya hemos visto que, por ejemplo, el Escéptico no puede confiar en nadie, y también expusimos que es de los ontotipos más buscados en las empresas por sus características.

Son los más hábiles supervivientes, capaces de utilizar a cualquier persona con el fin de lograr salir beneficiados, sin que lleguen a experimentar algún tipo de culpa o remordimiento por esta actitud hacia el otro.

Lo más seguro es encontrar personas con ese ontotipo en cualquier grupo, por lo que transformar a un grupo en un equipo pudiera llegar a ser una labor larga, extenuante e infructuosa si es que no se los detecta a tiempo.

A todo esto, hay que tener en cuenta que su mayor éxito es lograr no ser detectados en su real naturaleza, dado que cuanto menos sepan de ellos los demás tanto más indefensos estos estarán.

Su necesidad primaria de estabilidad pareciera darle el derecho natural, como superviviente, de hacer y de tomar lo que considere que necesita para sobrevivir.

En este punto, es importante destacar que cada ontotipo tiene su particular necesidad primaria y que cada una está en la base de un conjunto de fortalezas.

La idea es detectarlas, aceptarlas sin juicios y fortalecerlas.

NOSOTROS

Somos el Otro Conmigo

y Yo con ese Otro

Parece simple iniciar una relación, ya que bastaría con dejarse llevar, fluir, y luego ver qué es lo que pasa.

Ese "luego" es la clave que puede llegar a evitarte sinsabores en tu relación.

Quede en claro que los comentarios que te presentaré en este capítulo son solamente descriptivos de posibles situaciones, y no se corresponden con ninguna posición personal ni suponen la emisión de algún tipo de juicio.

En la consulta privada, mientras viví en México, escuché muchas veces la consigna "Échale ganas".

Créeme, es un error fomentado desde la cultura por la necesidad de una sociedad que no puede detenerse frente a cada conflicto familiar.

Cuando a una relación tienes que "echarle ganas", lo más probable es que la misma haya dejado de existir desde hace algún tiempo. Otro dicho del saber popular confirma esto que estoy expresando: "A la fuerza, ni los zapatos entran."

En una relación son dos seres, dos voluntades, dos formas de pensar y de soñar diferentes, que transitan cada uno sobre su vía individual.

A veces se atraen y otras se pueden repeler, pero el rumbo de su encuentro sigue respetando y honrando la guía que les brinda un objetivo en común, que es superior a los deseos individuales, en tanto ambos siguen avanzando.

Lamentablemente, ese objetivo en común que une a la pareja es muy difícil de definir porque es intangible. El mismo resulta de un acuerdo tácito en el que las palabras no fueron pronunciadas porque la esencia de sus integrantes ya lo habían comprendido todo.

Suele suceder que esos seres que se van a reunir o que ya decidieron dejar sus huellas en conjunto, se han apartado de su esencia y sólo se vinculan a través de sus roles; habiendo perdido toda posibilidad de comprender el significado de su unión.

El encuentro entre personas a partir de los roles que les ha impuesto la cultura está llamado a llevar a una o a ambas partes hacia la insatisfacción. Antes o después, alguna va a intentar detenerse a analizar qué está haciendo o logrando al formar parte de esa pareja y evaluará las ventajas de declarar un alto en la relación.

En estas parejas, ese objetivo en común, sobre el que fundaron su relación, no era intangible sino cuantificable; es decir que pudieron haber acordado una manutención, o una casa grande, o muchos automóviles, o una cuenta bancaria abultada. Todos elementos visibles que sirven para evaluar el éxito de la célula familiar desde el cual la sociedad puede proyectar su propio éxito.

Hasta hace pocas décadas atrás, las mujeres recibían clases para aprender a ser buenas esposas, amas de casa, cocineras y hasta madres.

Eso ha cambiado.

Al hombre se lo sigue educando desde la perspectiva de aquel que debe proveer.

Esto último, aunque sigue sucediendo, se confronta con una realidad económica global que le ha exigido al hombre que acepte ser desempleado o subempleado, en tanto la mujer sale a trabajar ocupando puestos que antes eran sólo para los hombres.

Tras la máscara y la función esperada de un rol aprendido, sólo hay vacío, el mismo que se percibe cuando los integrantes de la pareja descubren que no pueden sostener una conversación en la que reciben al otro plenamente, sin defensas ni reservas, o que no pueden intercambiar más cosas que quejas por lo que han vivido durante el día o en su trabajo.

Mucha menos conexión, o posibilidad de que exista, se observa cuando se tiene la sensación de que, tras la escucha, alguno deberá emprender una acción de rescate para salvar o ayudar a aquel con el que se estaba platicando.

Quizás a ese vacío de palabras y silencios empáticos se lo intente disimular o rellenar con actividad sexual, fiestas, alcohol, salidas, hijos, o con cualquier otro distractor.

Si en la pareja tuvo que aceptarse el ingreso de un distractor, algo pudiera no estar bien en la misma. Se pudo haber perdido la conexión, si es que alguna vez la hubo, que les permitía construir opciones para la vida en común.

Estar en pareja y ser pareja no son conceptos equivalentes.

Si estás en pareja, se podría decir que te has asegurado la satisfacción de algún aspecto de tu vida, y que también podrías haber aceptado proveerle uno o más beneficios a ese otro con el que estás.

La idea presente en el párrafo anterior surgió a partir de un evento real del que formé parte y que fue la primera vez en la que escuché algo tan inverosímil para mí que me llevó mucho tiempo de elaboración para poderlo aceptar.

Varios años atrás, me entrevistaron en un programa de radio en la Ciudad de México, dándome la oportunidad de presentar y platicar acerca de nuestro primer libro, *EneaPsiquis, una entre nueve.*

Durante la presentación de nuestra perspectiva centrada en las características innatas del ser humano, en vez de hacerlo sobre el resultado de la educación que al mismo se le haya impartido, uno de los panelistas me confrontó sobre mi enfoque argumentando que el matrimonio, después de todo, no era más que un acuerdo económico que garantizaba ciertas condiciones deseables.

Desde su punto de vista, el deseo de dos seres de querer compartir su vida en comunión, sea casados o en unión libre, no era más que un contrato oportunista en el que los sentimientos eran un estorbo.

Recuerdo haber enmudecido.

Él continuó explicando tanto los beneficios sexuales que se obtienen en la pareja, por no tener que ir a buscar con quien satisfacer esas necesidades, como las bondades de un acuerdo en el que la mujer podría hacer de su vida lo que quisiera siempre que hubiera cumplido con lo que se esperaba que ella hiciera según las pautas culturales, conyugales y sociales.

Es evidente que casi veinte años después, si actualmente él hubiera realizado esos comentarios públicamente, lo habrían censurado y hasta demandado.

Una vez que me hube recuperado, tras haber escuchado lo inadmisible para mi mente, pude responderle que nuestra teoría explicaba, precisamente, que había personas que podían ver la vida y las relaciones desde su perspectiva y que también había personas con otra visión y otra forma de contactar entre sí a nivel humano.

Por algún motivo, se quedó callado el resto del programa.

Esta anécdota que te estoy compartiendo tiene el propósito de mostrarte que, aunque todos hayamos recibido algún tipo de educación con muchos o pocos aspectos similares, en las relaciones humanas siempre importa quién es cada persona.

Como en ese ejemplo, es muy probable que ese panelista soliera "estar" en pareja; pero no sabemos nada del otro integrante.

Si fuese el caso en el que quien lo acompañaba también tenía un enfoque parecido, ambos estarían aprovechando la situación y "atesorando" los beneficios que buscaban.

Prácticamente, funcionan como una célula económico-productiva en la que los socios obtienen alguna ganancia a cambio de generar riquezas y competir por la supervivencia.

Claro está que dicha célula, luego, en un divorcio, deberá enfrentar la división de lo obtenido para poder seguir adelante; como si sus integrantes sólo hubieran vivido un ciclo empresario en el que apostaron por un sueño que rindió algunos frutos, del que quizás dirán que fracasó, y que terminó.

Están en pareja y duran.

Soportan y aguantan el tiempo que sea necesario, en tanto los objetivos se vayan logrando o se cumpla el ciclo de vida del acuerdo entre las partes, y la empresa pareja decida solicitar su disolución.

Estamos en tiempos de cambios profundos en los que todo está siendo cuestionado.

Hay una agenda política que sustenta a una reingeniería social, buscando más cambios para poder asegurar el logro de objetivos cuya comprensión excede la capacidad de la gente que vive día tras día.

Agenda política o no, el ser humano sigue siendo como ha nacido y como es.

Se puede intentar imponer la moda del "poliamor"; no obstante, siguen existiendo y conformándose parejas que se son fieles y leales.

Al nombrar como moda a ese posible tipo de relación, me aparto de cualquier juicio y sólo expongo una lectura y una descripción de los sucesos de la historia actual.

En tiempos de Moisés, con un mundo despoblado, la consigna imperante era "Uníos y multiplicaos".

Evidentemente, en la actualidad, en un mundo con más de ocho mil millones de habitantes, dicha consigna es vista como una amenaza que obliga a cambiar el pensamiento colectivo.

En el medio de estas necesidades globales que pretenden limitar y manipular qué tipo de pareja tener y qué tipo de familia propiciar y/o fortalecer, hay elementos invariantes.

Tú.

El otro.

Y el Nosotros resultante que tiene que luchar por su oportunidad para ser cuando es condicionado o atacado desde la sociedad y la cultura.

Si en el hombre existe el alelo 334, es probable que sea más propenso al poliamor o a la infidelidad que aquellos hombres que no tienen dicho gen.

Ante esta realidad genética, no hay agenda política ni moda hacia una reingeniería social que pueda modificar la forma en que dichos hombres se relacionan.

El que le escapa al compromiso, si se casa buscará algún tipo de "desahogo" y si no se casa es probable que tenga constantes monogamias sucesivas. Es decir, relaciones cortas y frecuentes.

Son todos ejemplos de formas reales, que existen, para darle vida a un *Nosotros* acorde con el sentir de sus integrantes; sin juzgar si están en pareja o si son pareja.

En este punto, entonces, es el momento para hablar de esa otra forma de constituir un *Nosotros*, porque también están las personas que necesitan y quieren "ser" pareja; pudiendo estar juntos mientras son y, a la vez, hacen hogar. Uno para el otro y con ese otro.

A menudo me encuentro con parejas conformadas por uno que quiere estar en pareja y otro que quiere ser pareja.

De algún modo, en éstas, alguna de las partes permanece sometida a los deseos y necesidades de la otra, no tanto por una mala disposición de uno contra el otro sino porque las expectativas son opuestas. Mientras uno quiere construir vida al otro sólo le basta con durar otro día, sin esperar nada más que lo que el acuerdo imaginario que construyó en su mente le asegura y le puede dar.

Se suele tanto hablar de compatibilidad e incompatibilidad de caracteres como recurrir a frases populares que refuerzan la necesidad de hacer otro "esfuercito", tales como "amar te duele", "polos opuestos se atraen", "en toda pareja hay peleas" o el conocido "no hay nada mejor después de una pelea que una buena reconciliación", con sus dudosas implicancias respecto a la obtención de un supuesto placer sexual tras una discusión que se podría haber evitado.

Como si al decidir conformar una pareja se tuviera que aceptar estar a la sombra del supuesto brillo del otro, siguiéndolo a donde éste decida irse o estar.

En este punto pudiera ser conveniente que releyeras el resumen de características que te presenté en el capítulo ¿Quién es quién?

Quizás te parezca extraño que esas diferencias sean reales y naturales, pero lo he visto y comprobado en la consulta, tanto propia como con las supervisiones con mi esposa, la Dra. Claudia Behn-Eschenburg, acerca de sus pacientes.

Recuerda que nadie cambia por otro, aunque le duela a lo que uno cree o siente que uno vale.

También ten en cuenta lo que te mostré anteriormente, respecto a los grupos de personas con ontotipos que hacen contacto con el otro, o que se relacionan con la imagen de los demás debido a los diferentes tipos de miedo que sienten, o los que invierten en las relaciones.

Cada persona nace con un tipo de personalidad esencial que lo acompañará a lo largo de todo su proceso de vida. Lo demás, son capas sociales, protocolos producto de la educación, mentiras obligadas como tributo a pagar para pertenecer a la sociedad, que disimulan, ocultan o pretenden diluir la fuerza del ser natural que reside en cada quien.

No todos tienen la misma energía, ni el mismo deseo, ni la misma necesidad sexual por el otro, ni las mismas expectativas respecto de la relación, ni los mismos parámetros para contactar, evaluar e interactuar con la realidad. Todo eso es lo que se pretende normalizar, o mejor dicho estandarizar, a través de la cultura y los medios de comunicación.

Ser pareja exige ver al otro y verse, ver al otro viéndonos y vernos viéndolo.

No estoy hablando de poseer sino de ver; contemplando, admirando y recibiendo la inmensidad que encierra la otra vida que elige transitar la suya en nuestra compañía.

La misma fuerza o más que la que pudiera comprender un "te quiero" la encontramos en ese "te veo" que nos regaló la película Avatar.

Los que son pareja, a diferencia de los que sólo están, suelen tener flexibilidad para posponer sus intereses personales. Me refiero a ambas partes abnegándose en favor del objetivo común que se hayan fijado; algo que permite que entre ambos surjan la tolerancia y la comprensión.

A diferencia de la modalidad anterior, cuando están presentes los 4 pilares del amor, y se vive en la tolerancia mutua y la comprensión, no existe sensación de desgaste y cada día se construye la pareja renovando la elección de pertenecer a la misma.

Evidentemente, en este tipo de parejas la libertad de formar parte de ellas es la clave.

Déjame aclarar este punto.

La libertad tiene muchas formas de manifestarse porque todas responden a algún tipo de decisión; pero hemos visto que hay distintas formas naturales y normales de ser, independientemente de la educación que se haya recibido, adoptando diferentes puntos de vista para comprender y obtener significados acerca de un mismo evento.

Cuando te propuse el ejemplo de los distintos significados que podrían ser asignados a un puente, también abrí la posibilidad actual de completar la idea respecto de lo que es decidirse por alguna alternativa.

Recuerda que en la base de cualquier decisión que tomes está siempre presente tu necesidad primaria, de tal modo que respetándola al decidir te sientes más vital para encarar las consecuencias de tu decisión. Sucede lo que en psicoanálisis constituye un evento "egosintónico", es decir que lo actuado está en sintonía con tu Yo, con quien eres más allá de tus roles.

Es cierto que, a veces, hay que decidir de un modo en el que no estamos conformes ni con lo decidido ni con lo que tendremos que afrontar tras haberlo hecho. Decidimos casi obligados por las circunstancias y no experimentamos una sensación de distensión o de ligereza tras haber decidido. En psicoanálisis, eso sería un evento "egodistónico", es decir que lo hecho no está en sintonía con el Yo.

Elegir en libertad tiene que ser egosintónico.

Lo que se elige, cuando se es pareja, son varias acciones y la aceptación de sus consecuencias.

Una de ellas, la más directa, es elegir a ese otro.

Otra, es elegir aceptar que el otro ejerza su derecho de elegirnos.

Y una más, quizás la que represente el salto de fe que más construye y fortalece a la pareja, es el elegir aceptar lo que el otro haya elegido.

Sin condicionamientos ni ultimátums; tan solo el estar abiertos para tomar, dar y recibir una decisión, día tras día, desde uno hacia el otro, desde el otro hacia uno, de uno para el otro y del otro para uno.

La única forma de lograr vivir la pareja de este modo es desde el libre compromiso personal de ambos en la misma.

Fíjate que, al hablar de compromiso, en una dinámica diaria de re-descubrimiento del otro y de la libre elección hacia esa persona, de la que te hablé antes, no hay cabida para hablar de género.

El amor basado en compromiso, fidelidad, confianza, respeto, abnegación y exigencia, es un amor en el que las personas son llamadas a ser pareja y a construir vida, como cada quien pueda y quiera.

En la otra posibilidad se da una situación equivalente, cuando se está en pareja sin más compromiso que hacia uno mismo y sin que haya respeto, confianza ni abnegación. Lo único que importa es alimentar la ilusión de compañía en tanto se van cumpliendo los objetivos por los cuales las partes decidieron integrarse como pareja. El detalle que importa y que hay que considerar, es que sólo están, durando, sin querer ni poder llegar a ser pareja.

Dado que, como vimos, existen diez ontotipos con motivaciones diferentes, y muchas variantes genéticas que se manifiestan en las conductas de las personas, es necesario que hagas contacto contigo y no temas equivocarte.

La peor decisión es aquella en la que decides no elegir.

Es posible que, tras haberte atrevido a dar un paso hacia un nuevo *Nosotros*, lo que viviste o vives no te agrade.

Si ese fuese el caso, la primera premisa es serte fiel y leal, para poner a salvo el resto de tu vida de la posibilidad de hallarte durando en una relación marcada por el sufrimiento.

No te permitas "echarle ganas" a la relación, porque, probablemente, ya no existe o quizás nunca existió.

Las características de los diez ontotipos son inamovibles. Sí, es cierto que hay ciertas manifestaciones y actitudes que se pueden llegar a "pulir", pero el motor que mueve el pensamiento y los sentimientos de las personas es el mismo toda la vida y nadie cambia su forma de ser por el beneficio de otra persona.

Todo esto es sólo una parte de la infinidad de trampas que impone la cultura al querer enseñarnos cómo se debe vivir.

En tu ser existe un código inalcanzable para los demás que tiene la función de cuidarte, entre muchas otras más.

La única forma de que eso no ocurra es alterando tu percepción de las cosas. Esto sucede cuando se te pide que no llores, no grites, no huyas, no tengas miedo, no... seas tú.

No es posible que puedas ser tú en una pareja si primero no eres tú contigo.

Vuelve a ti.

Aprende acerca de todo lo que eres capaz de lograr cuando estás sin compañía; puesto que en tu soledad física descubrirás lo importante que eres para ti.

Cuando te conoces, te re-conoces, y llegas a un punto en el que te das cuenta que no puedes vivir sin ti, ya estás en condiciones de estar con otra persona sin el riesgo de llegar a padecer dependencias que te someten, aíslan, devalúan y/o te hacen dudar de poder sostener tu propia vida.

Al saber quién eres tú, no hay riesgo de que te confundas si es que te intentan confundir, dado que sabes qué es lo que te motiva porque conoces cuál es tu necesidad primaria; esa que siempre va a condicionar la forma en la que percibes la realidad, así como el modo en que le encuentras interés a las propuestas de la vida.

No eres ni serás inmune a las manipulaciones, pero, si tienes certezas acerca de quien sí eres, podrás darte cuenta más rápido de las señales que te están indicando que te retires de una relación que no es digna de ti y en la que seguramente pondrás en riesgo tu dignidad.

Cuando entras a una relación por necesidad, siempre dependerás del otro.

En cambio, cuando te conoces y quieres integrar una pareja siendo tú, al hacerlo porque quieres y no porque lo necesitas, te aseguras tu independencia; pudiendo ser pareja en tanto conservas tu libertad para elegir serlo cada día.

Esas señales son las que atentan contra tu sensación de dignidad. Cada vez que recibes un trato que no te mereces, y te vuelves consciente de ese hecho, ese trato fue indigno para ti. Por otra parte, cada vez que te has merecido algo y tuviste que pedirlo o rogar para que te lo dieran, ese trato fue indigno para ti.

Como ves, una clave vital para formar parte de un *Nosotros* está en la consciencia de tu ser, de lo que te mereces y lo que no, de cuan fortalecida esté tu noción de dignidad y tengas claridad en si buscas la relación porque estás escapando de algo o de alguien, o como un medio para lograr alguna otra meta diferente de lo que es poder sentirte en compañía mientras acompañas al otro en un camino de construcción de vida, en el que lo pesado que pudiera suceder se tolera, pero no se sufre.

La posibilidad de vivir realimentando un ir y volver en el que se genera un movimiento pendular que mantiene en marcha el motor de la vida en común, sin que ninguno desaparezca por ser ambos los protagonistas en este tipo de dinámica para construir un *Nosotros*, parece tener más oportunidades de surgir en las uniones en las que sus miembros están motivados para ser pareja.

No obstante, aun cuando se trate de personas que elijan están en pareja o que se hayan comprometido mutuamente para ser pareja, siempre cabe una posibilidad de convivencia dentro de ciertos términos si es que se pueden establecer acuerdos.

En un acuerdo, dos voluntades unen sus corazones y optan por realizar un conjunto de acciones para lograr un mutuo beneficio.

Leamos de nuevo.

Dos voluntades...

Es decir que la capacidad para acordar presupone que, al menos, existen dos personas en una determinada instancia, revisando los datos presentes y evaluando las mejores estrategias para obtener el mayor beneficio.

El acuerdo se basa en poder discutir con el otro, intercambiando puntos de vista de tal modo que ambas partes salgan enriquecidas tras haber incorporado el enfoque de la otra persona, para poder concluir la discusión con una decisión consensuada.

Cuando existe el consenso, ninguno de los que acordaron una estrategia a seguir tiene el derecho de aparecer como el ser superior que fue capaz de elegir lo mejor, ni de señalar o acusar al otro por haberse equivocado al decidir y hacer que ambos perdieran una oportunidad de beneficiarse.

Los acuerdos se fortalecen en el consenso, y para consensuar una decisión es necesario el respeto mutuo.

Sólo se puede llegar a acuerdos cuando se cultiva y se ejercita la comunicación.

Nosotros somos el acuerdo que ilumina el camino diluyendo las sombras del desencuentro.

Nosotros somos.

Gracias por ser tú quien me lee y recibe.

Gracias por estar y haberme permitido acompañarte a repensar lo que parece ser tan simple y evidente, para verlo desde otra perspectiva y darle otra dimensión.

Tú y yo hemos establecido un vínculo autor-lector, lo cual determinó que surgiera un nuevo...

Nosotros

P.D.:

Te invito a que conozcas más sobre los 10 tipos de personalidad esencial y sus 56 combinaciones, con los siguientes libros:

OntoPsiquis – Más allá del eneagrama y el psicoanálisis
> *Tomo I – La esencia de tu ser*
> *Tomo II – Tus fortalezas dinámicas*

> por Aníbal Pedro Santoro

> y Claudia Behn-Eschenburg

Más información y acceso a nuestros libros en
https://ontopsiquis.com/es/es-index.htm

También te puede interesar leer sobre los beneficios de aplicar OntoPsiquis a la comprensión de la dinámica familiar:

FAMILIA - Los 7 Secretos para tu Mejor Vida Familiar

> por la Dra. Claudia Behn-Eschenburg